AF406140

LA UNIVERSAL
Casa Editorial

La Universal
Casa Editorial

Antología poética
Colombia es poesía

Autores participantes:
Carmen García
Eviuris Correa
Myriam Cerón
Nelcy Muñoz
Pedro A. Correa
Ricardo Villalobos
Yorledy Cardozo

ANTOLOGÍA POÉTICA
COLOMBIA ES POESÍA

EDICIÓN Y CORRECCIÓN DE ESTILO:
Fortunato Ricci Méndez

DISEÑADOR:
Wilson Chávez Velásquez

EDICIÓN 2021
La Universal Casa Editorial
@UniversalCasa
launiversalcasaeditorialgmail

Impreso en Colombia
La Universal Casa Editorial S.A.S.
NIT. 901517866-1
www.launiversalcasaeditorial.com
launiversalcasaeditorial@gmail.com
dptodeseleccionlauniversal@gmail.com
Teléfono: +57 323 2816318
Cr. 68 N. 75 A -50 Piso 3
Centro Comercial Metrópolis
Bogotá - Colombia

REPRESENTANTE LEGAL:
Antonio Márquez
CEO:
Marta Lucía Beltrán
ISBN: 978-958-53730-3-7

LA UNIVERSAL
Casa Editorial

Contenido

CARMEN GARCÍA

Agradecimiento

A Carlos Jaime y Khalessi.
A los habitantes indocumentados de Foreliana.
A los bardos y bardesas que se quedaron a vivir
en la playa más cercana al sol.

Sinopsis

La "Antología poética Colombia es poesía" reúne ocho poemas —entre mentiras piadosas y disquisiciones— de la escritora barranquillera Carmen García Valderrama.

Su poética se desfragmenta y a contraluz, es un caleidoscopio, más allá de su metáfora marina continuada.

Es un nuevo vuelo rasante el que nos presenta en este poemario, debatiéndose entre la tiranía del ser y la angustia del silencio, cuando ya todo está dicho, cuando renacer dentro de un caracol tal vez sea la respuesta a su dilema de ser o no ser, que todavía no logra dilucidar a pesar de su larga residencia en la playa más cercana al sol.

Biografía

Carmen García Valderrama, colombiana nacida en Barranquilla, es comunicadora social-periodista de la Universidad Autónoma del Caribe. Se desempeñó profesionalmente en el área de comunicación organizacional, calidad y gestión del talento humano en la industria hotelera.

En pleno goce del retiro obligatorio, dedica su tiempo a desarrollar sus intereses literarios sin mayor pretensión que dejar constancia de cuán feliz se puede ser en un mundo interior, que define como "la playa más cercana al sol" y se encuentra en firme proceso creativo, comprometida con la poesía y en devaneos con el cuento.

En atención a sus múltiples compromisos laborales, paralelamente fue miembro muy activa de los talleres virtuales para desarrollar su vocación literaria, especialmente en Foreliana, con sede en México, en el cual confluyeron escritores del mundo hispanoparlante.

Se destaca su prosa poética, en una metáfora continuada del paisaje marino, que suscribe a través del blog Oleajes.com bajo el seudónimo de Gaviota y que ya plasmó en su primer libro "Paisajes para conjurar la soledad".

Su segundo libro "Amparo de tutela a favor de los puntos suspensivos", es una muestra muy divertida de su versatilidad literaria, que va desde la poesía y el relato fantasioso hasta el teatro, el monólogo, el ensayo, el parafraseo, el contrapunteo y demás resultados de este ejercicio que señala "para contribuir al desasosiego general" a través de sus "rimas ingenuas, versos incólumes y poemas insípidos".

En su tercer libro, "Los sentimientos del adiós", exorciza sus tristezas y desencuentros, puntualizando que persiste "en la esclavitud del silencio, por la resaca del deseo, abandonada entre un cigarrillo y unos versos inconexos".

Aunque estos libros son los primeros que publica, antes había sido seleccionada para representar a Colombia e incluir sus poemas en dos importante antologías de la poesía latinoamericana: "La otra cara del amor", (Andover, USA) y "Letras derramadas" (Uruguay) en los que aporta su visión de la poesía erótica y amatoria.

Entre sus futuros proyectos literarios se destaca un libro de relatos titulado "Mujeres de mil palabras" y otro de poesía erótica, recopilación bajo el título "Actos crepusculares", edición que contiene una producción a viva voz.

Caracol

Hundirme en la tristeza,
encerrarme en mi mutismo,
naufragar en mi llanto,
navegar sobre mi desesperanza,
bucear en el mar de mi desconsuelo,
tocar el fondo de mi desilusión...

La tristeza es hermana de la soledad.

Cavar en mis grises pensamientos,
hallar las raíces más profundas de mi egoísmo,
ahondar en mi angustia,
penetrar con fiereza en los recuerdos,
caminar y pisotear mis heridas,
acallar para siempre mis deseos...

La angustia es hermana de la amargura.

Dominar mis anhelos,
olvidar mis sueños,
matar mi alma,
dejar de ser,
renacer dentro de un caracol.

SER O NO SER

A veces quisiera perder esta identidad,
dejar de ser yo misma,
convertirme en un nosotros infinito,
perder la conciencia de que tengo rostro,
nombre y apellido.

Quisiera creer que en la vida
cualquier coincidencia es capricho.

Si el mundo enseñara que en sus entrañas
estamos sujetos a las barajas,
tal vez, entonces, comprendería,
que ser yo misma no es tan fatal
y que la vida no es hechicería.

¡Si pudiera comprender cuál es el aliento
que causa este fétido momento!

¡Si pudiera entender cuál es el afán
de convertir en mentira este defecto!

¡Si pudiera cerrar mis ojos a la verdad
de saber que coexisto y no convivo!

Si pudiera llegar a la certeza que amarte
en esta vida no es procaz,
si no hubiese entendido que vivir sin amarte
no tiene sentido.

Tal vez, entonces, comprendería,
que perder la identidad es lastimoso,
que odiar no es bello ni es hermoso
y que para ser, con amarte, bastaría.

MENTIRAS PIADOSAS

No te mientas a ti misma,
¿a quién engañas?
¿A los dioses?

¿En dónde reside el engaño?
¿En la mentira?
¿O en la fe con que la aceptas?

Divagas, peregrina de las ideas,
transciendes el momento,
pospones con indolencia
la retrospectiva de tu cómoda existencia.

¿Treinta años de certeza
se disuelven en un minuto de dudas?

No quieres hallar respuestas,
porque no tienes preguntas.

No tienes preguntas,
porque has mascullado magulladas respuestas.

Ininteligibles, pero respuestas.

Olvidaste si era pedestal,
altar, tálamo o tumba tu destino final.

Has tomado tantos atajos...
uno por cada recodo.

En cada camino
buscaste la bifurcación...

¿Acaso huías del destino
cuando el destino tampoco quería alcanzarte?

Pero ya eso no cuenta.
Tampoco cuentan los sueños.

Estás cansada de soñarlos
en cada siesta, en cada noche.

Cuando hayas firmado la lista de tus renuncias,
podrás entonces suscribir la de tus conquistas.

Habrás aprendido
que en las carencias hay riqueza.

Que sobre la libertad se yergue el compromiso.
Que la abstinencia ensancha el horizonte.

Que la humildad quebranta la soberbia.
Que el triunfo constituye nuestra propia derrota.

Ahora blandirás como dagas ardientes,
verdades que calcinan.

Ahora revertirás en versos,
las cenizas de tu propio fuego interior.

¿Habrá peor muerte que esa?
Hacer cenizas la vida antes que la vida,
piadosamente, permita a la muerte
trastocar en cenizas tu ser ardiente...

Todavía

Como luz pertinaz,
un coro de caricias
reverbera en mis recodos.

Y refulgen incólumes
tus palabras,
tocándome a mansalva.

Enajenada guardo
tus puñales y una herida
que gotea lejanías.

Vago buscando por ensalmo,
la estrella que hace mil años
revirtió oscuridades.

Sin temor al perjurio,
sigo tus pasos y en cada huella,
siembro hinojos a destajo.

Oigo tu guitarra
y el viento arremolina
bajo umbríos pentagramas.

Enciendo y apago candiles
remendando versos
a cobijo de tus estatuas.

Un sinfín de argumentos
quebrantando el tiempo,
desfila haciendo malabares.

Y si alguien pregunta cuándo,
atravesando soledades
yo respondo todavía es cuando.

Disquisiciones

Encerrada en el espacio infinito de la intriga
y sobrevolando mi incertidumbre,
te conmino a que me lo preguntes directamente:

¿Por qué seguir con el poema rosa
y la espina que sangra como crepúsculo enajenado?

¿Por qué desencriptar un sentimiento de hastío
y rubricar la discordia?

¿Por qué verter en toneles,
el acerbo de las provocaciones,
decantar el pudor y la lenta agonía del deseo?

¿Por qué acogernos al silencio
y discurrir entre sombras plegando los ecos,
segando el destello?

¿Por qué impostar la pesadumbre
y expoliar la calma
que se escabulle ebria de vagas añoranzas?

¿Por qué reprimir el desconsuelo,
compensar el furor
y fraguar ilegítimas esperanzas?

¿Por qué no, simplemente,
llamar a tu puerta,
clausurar el desvelo y liberar la desolación?

Tiranía del ser

Dictamos las leyes,
escribimos la constitución,
brindamos por la independencia,
construimos la ciudad,
trazamos sus calles,
hicimos el continente,
creamos un dios,
distribuimos el capital.

Coloreamos el firmamento,
instituimos la geografía,
ignoramos el hambre,
desplazamos la tristeza,
aseguramos la paz,
gobernamos la naturaleza.

Prohibimos el odio y el rencor,
amamos la libertad,
queremos la eternidad,
confiamos en la vida,
compartimos las ilusiones,
dibujamos la belleza,
deseamos la felicidad.
Luchamos por la armonía,
caminamos por el horizonte,
sumamos las energías,
procreamos la esperanza.

Y olvidamos que somos prisioneros
de nuestros propios cuerpos.

Todo está dicho

Abrimos de un tajo el silencio.

Palabras agazapadas tras los desvelos,
reclamaron su propia voz.

Barbotaron los reproches,
demasiados silencios esclavizaron los recuerdos.

La espera me infligió
la mayor derrota.

La noche se redujo
a un guiño entre dos soles.

No hay silencios
para decantar la queja.

No hay quejas
para tamizar el silencio.

Por la ventana se descuelgan voces,
risas, admoniciones.

Es el sereno
cobrando su cuota de misterio:
un suspiro helado,
una tibia caricia
sobre el cristal empolvado.

Tus pasos
amortiguados por la distancia,

traen el eco de otras palabras
marchitas por el tiempo,
resecas de olvido,
ávidas de nostalgia.

Todo está dicho,
menos el silencio.

Vejada por el ayuno esta piel te reclama.

CALEIDOSCOPIO

Desenrollar lentamente el calendario
y almacenar los días por su desvarío
o engavetar las noches por su insomnio.

No importa el brillo ni la mansedumbre,
ni primera ternura, ni lágrima furtiva,
ni andar veloz, ni desnudo incauto.

Hay un desliz cómplice
o tal vez un vago vértice.

La añoranza, como aroma,
se despliega en el silencio.

La tristeza, como lejanía,
se desvanece en la oscuridad.

No fue el grano ni la molienda,
tampoco el fruto rojo mordido por el sol.

No fue la espiga surcando el aire,
ni el tallo anudando sus letargos,
ni la raíz reptando hacia la piedra.

Es el todo que reverbera,
es el tanto que resuena,
es el mucho que se expande.

Tu voz, al filo del desasosiego,
recompone el calendario:
a contraluz, es un caleidoscopio.

EVIURIS CORREA

Agradecimientos

Agradezco a Dios infinitamente por haberme otorgado el arte de escribir. Escribir es mi pasión, es el alimento del alma, es la necesidad que clama intensamente la presencia de un bolígrafo, que apretado en la cintura por mis dedos al son de la musa, plasma tantos versos sobre el blanco papel como un inmenso cielo.

Agradezco a mi familia, a mi madre, a mis hijos, nietos, a mis colegas poetas, escritores, a todos mis seguidores, a las personas que me aprecian y valoran mi trabajo literario.

Agradezco de todo corazón a la editorial, La Universal Casa Editorial, por la gran oportunidad de dar a conocer mi trabajo literario; más que feliz, me siento orgullosa de pertenecer a la "Antología poética Colombia es poesía".

Agradecida con Yeiton Rangel, me quito el sombrero, es un gran actor y buen profesor de teatro, he podido reforzar mi conocimiento actoral gracias a él.

Sinopsis

La intención de exteriorizar sentimientos diversos, es la mayor oportunidad para mostrar no tan solo el sentir, si no las diferentes facetas de la vida. Con crudeza, pero con gran amor, busco en cada historia extraer la musa de la inspiración en cada ser.

Biografía

Mi nombre es Eviuris María Correa Garcés, nací en El Peñón, Bolívar, el 8 de febrero. Hija de Gabriel Correa Pacheco y María Garcés Tovar, soy la cuarta de nueve hermanos, pero siempre fui la mayor, ya que no me crié con mis tres hermanos mayores.

Directora de la fundación Artistas en Acción Rescatando Talentos para el Éxito (AARTEX), escritora, poeta, gestora cultural, actriz, compositora y humorista; autora del poemario "Deshojando poemas" del año 2000; "Sentimiento maternal" del año 2007; "El placer de estudiar" del año 2020.

He participado en la "Antología enlaces de palabras" de 2021; Concurso Internacional de Poesía y Narrativa del año 2021; he participado en la "Antología poética Colombia es poesía" de 2021.

Mi trabajo literario aparece en la revista mensual "Universo Literario Cultural" de Uruguay; actualmente soy miembro del Centro Cultural Internacional Utopía Poética Universal, los poetas más grandes del mundo (director Manuel Equiwa); soy miembro de la Sociedad de Autores y Compositores de Venezuela (SACVEN).

Participé en el programa "Mujeres con historias y hombres también", dirigido por Marycarmen Sobrino en Caracas, Venezuela; tengo inclusión en la "Antología arte ahora", en España de la biografía de gustavo Adolfo Bécquer, presidente Rafael Luna García.

Intervine en el cortometraje "El barrio Bololo", bajo la dirección y guion de Eberto Manotas) Fui extra en la miniserie de la purrututu, dirigido por Jhon Bolívar.

El triunfo de la amistad

Hay que luchar de cualquier manera
por preservar el valor de la amistad,
ya que al hacer una breve observación
deja al descubierto que no tiene fecha de nacimiento,
por lo tanto la amistad no tiene edad.

Durante siglos ha mantenido intacta su generosidad
y tiene un poder en los seres humanos,
porque no pide permiso para existir
incondicional en la vida de los demás,
tanto así, hace sentir sensaciones extrañas e inexplicables.

Por eso es que la amistad sería mirada
por el resto del mundo,
como el tesoro más hermoso que existe
sobre el universo,
por lo tanto se debe seguir estas campañas
para fomentar este valor y ser mejores seres humanos.

Empeñarnos que surja el milagro de unificar al mundo,
sin duda surgirá el sueño de todos y al conceder el anhelo,
de ganarle la partida a la tristeza, a la guerra de ser así,
no quedará ningún rincón sin que retumbe la alegría,
menos le falte a nadie, antes por el contrario
gestos alegóricos al visualizar el triunfo de la amistad.

Toda la multitud irradia paz y amor,
agarrados de manos haciendo homenajes a la amistad
sin ningún prejuicio social,
elevando plegarias de jubilo
por la unidad lograda.

32

Inspirados por la frase "viva la amistad",
coros que se repiten interminables en gratitud
por la jerarquía de poder
que tiene este valor
para unificar al mundo.

Viva la amistad

La amistad es un valor universal,
es un cariño inmenso que nace entre dos personas
y para que este sentimiento aflore mutuamente,
se debe sustentar en bases de valores,
como son: el respeto, la tolerancia y la sinceridad.

No debe haber envidia, egoísmo, ni mentira.
Existen algunas personas que dicen ser amigos
y no ayudan cuando deben ayudar.

Un amigo de verdad expone su hombro...
no da la espalda.

El valor de la amistad es concedido por la naturaleza
y se debe respetar a las personas que la depositan,
en estos tiempos se debe saber
que la amistad es la mejor consejera,
para mantenernos unidos,
en esta época crítica no se debe esquivar la mirada,
sino apuntarla en las cosas que tenemos que mirar.

El mundo necesita que despierte
el sentimiento de hermandad,
en pleno confinamiento hay que apoyarnos todos,
en abrazarnos literalmente,
que el distanciamiento no debilite los lazos de amistad,
sin que nos aflija el cambio brusco
del afectuoso saludo tradicional,
que hasta el momento hemos acatado
y cumplido con las normas de bioseguridad
impuestas a todos.

A pesar de que el abrazo y el beso
es sinónimo de amor y amistad,
fue declarado en alto riesgo
al contagio de la sociedad
y no nos quedó de otra manera
acostumbrarnos codo con codo.

Pero es más fuerte la magia del amor y la amistad
en los seres humanos,
porque reta las amenazas de cualquier guerra,
saliendo siempre vencedora con su esencia,
la que no se borra, la que no nos abandona,
la que se lleva dentro...
la que no se hunde en las adversidades.

Desde lo más infinito resurgen sus sentimientos;
los causantes de mantenernos unidos
procurando que nos amemos de cualquier modo,
sin que nada impida a amarnos y expresarnos libremente,
por tal motivo el tapaboca y el distanciamiento
no podrá disolver la energía magnética
que tiene por naturaleza la amistad.

Amor sin prisa

Cuando el sentimiento toca el corazón,
sobran motivos para demostrarlo,
la transparencia para la ilusión,
se torna inquieta con desliz apresurado.

Es una inquietud que delata,
a veces facilita a declinar caminos equivocados,
la verdadera imprudencia que mata,
jamás asumen que la desventaja está a su lado.

Amor no es cualquiera que se atraviesa en tu vida,
que se merezca el amor que solo sabes dar,
quizás des mucho por lo poco que recibas,
para el amor el aporte debe ser igual.

Decisiones desequilibradas en el amor
quizás no perdure tanto,
esos afanes suelen expirar sin retorno,
en cambio con la calma la relación
conserva el dulzor del encanto,
cien por ciento de posibilidades que se vuelvan a ver.

La carrera trae múltiples cansancios,
a veces llantos,
¿por qué hacer al principio lo
que se debe hacer al final?,
apresuramos a la fatiga perdiendo el encanto
y al hacer todo al revés hasta la fascinación se va.

Debemos darnos con calma el lugar que merecemos,
de lo contrario todo se agiliza,
con buenos cimientos una relación no puede quebrantar,
al conservar el amor y amar sin prisa,
la unión se puede consolidar.

Esa manzana es superior al oro,
no se debe dar fácil a probar,
es como si a la tierra le extraen su tesoro,
ya el minero busca otra roca,
porque ahí, ya no hay más nada que explorar.

Eres mi oxígeno

No intentes jamás olvidarme,
sería capaz de abandonar mi ser,
faltarme tú, es como quedar sin aire,
es como si me faltara la sangre o quedar sin hiel.

Eres mi oxígeno, si te vas muero,
al irte me suicidas, quitas mi respirar,
mis pulmones paralizan igual que mi cerebro,
si te vas muero y tú a la cárcel irás.

Eres mi mar que me tiene a la deriva,
yo la ola que juega con sus peces,
eres el manantial donde me baño y alivia,
el caudal que suspira y enternece.

Inseparables como el frió y la cobija,
el magnesio y el fósforo que al cerebro y al músculo fortalece,
eres mi sueño y yo la dueña de tu vida,
hasta lo que me imagino que no tienes,
también me pertenece.

SOMNOLIENTA

Te has convertido en mi pesadilla,
desquiciada,
ardiente y fenomenal.

Como muchas veces somnolienta,
te he podido imaginar,
con imaginaciones sin límites,
me elevas a lo más sublime
del infinito firmamento.

Y enciendes la hoguera
en los más bellos momentos,
incapaz que alcance el agua de la tierra,
que apague la interminable llama
de nuestros cuerpos.

Cuánto daría

Cuánto daría por borrar
el sufrimiento de tu corazón,
daría mis lágrimas completas sin otro fin,
confía en mis promesas e ilusión
y se acabaría el martirio del sufrir.

Cuánto me duele aquí dentro,
cuando te escucho que no eres feliz,
con la disposición de dar hasta mi sueño,
mis anhelos con tal de verte sonreír.

Y al mirar el horizonte desde mi ventana,
visualices los quebrantos el motivo por el cual,
en los que vives y no me dejan vivir.

Los que me inspiran a gritar con ganas
y a desahogar este martirio
bajo nubarrones grises.

Cuántas lágrimas en silencio por ti derramé,
¿acaso ignorabas que mi amor por ti era mentira?,
aún sigue firme noche y día,
vivo solo para ti,
mientras lanzas tu vida al azar…
yo por ti daría mi vida y algo más.

La mujer es digna de dulzura

Así quedó escrito que el hombre sin la mujer,
jamás podrá vivir,
menos maltratar al ser
que despliega sus piernas y puja para parir.

Es por eso que es digna de dulzura,
sin restricciones ni ataduras,
ante todo amarla, darle mucho respeto,
en vez de reprensión más soltura
y conserve su propio equilibrio.

Que los hombres no olviden el proverbio,
que una mujer no se toca ni sin culpas,
ni tropezar por equivocación una hebra de cabello,
ni con el pétalo de una flor tocarle su lupa.

Porque la mujer es fuente de armonía y dulzura,
por lo tanto, hay que amarla,
respetarla del cual es merecedora,
si se enoja darle mucho cariño que, sobre la ternura,
de vidas ella es multiplicadora,
como se proliferan las rosas del jardín,
más flexible como los tallos del jazmín
y cuando se enamora con locura,
entrega toda esa esencia extravagante y pura.

Además de sensible, es fuerte y luchadora,
con espíritu que invita al progreso,
es madre hija, esposa, al fin mujer,
que enaltece su género ante el universo

que la ve correr, por el sacrificio alcanzan,
el más alto escalafón por su deber.

Sus esfuerzos representados en título y mención,
salen vencedoras ante los impases y retos
impuestos por las adversidades de la vida
y no pierden la fe, la esperanza y la razón.

Siempre fuertes sostenidas en la responsabilidad
que recae en los hombros de una digna mujer
que nace con los pies firmes,
es por eso el motivo que la amen
como ellas saben amar con todo el corazón.

Quiero saber

Quiero saber qué es lo que hay entre los dos,
quiero saber si es amor o amistad lo que sentimos,
al descifrar tu sentir
y queden los puntos totalmente claros para mí,
puedes otorgarme tu amor o la amistad
que tanto nos hace feliz.

No podré con tanta alegría,
ser novios o amigos,
igual me conformaría,
es buena suerte y serás mi motivo,
mi crucigrama, mi torbellino.

Imposible olvidar la picardía de tu mirada,
la misma con la que me miras y me hablas,
anhelo tus latidos, tu esencia
y todo lo que falta por anhelar.

Y aunque tu mirada sea mía,
tarde que temprano entendí que tu amor no me pertenece,
conmigo no eres feliz,
mueres por otro amor por el que te estremeces.

Eres mi motivo

¿Hasta cuándo la sorpresa
de liberar los sentimientos reprimidos?

Cada día voy perdiendo la fuerza
y marca la distancia entre tú y yo.

Quiero saber qué pasaría,
al probar el dulzor de tus labios o una boca cohibida.

¿Me abrazarías con la misma furia
como yo lo haría?

¿Qué pasaría si al hablar contigo
me ahogues con cada letra de tus palabras
o en cada línea de tus versos?

Siendo tú el único motivo,
donde plácidamente a tu lado alcanzaría el cielo.

Ya pasará el dolor del corazón

¿Qué voy hacer si no me amas?
Ya pasará el dolor del corazón mañana
y cuando llores por la herida... ya será tarde.

Te confieso que al mirarte
y tenerte de frente,
siento que eres un cobarde.

Al concluir que debo calmar estas ansias,
mientras por ti la tristeza me alcanza,
te noto con deseos alegres como el aire.

Así no es el amor... mis sensaciones con las tuyas no encajan;
el solo desear tener este sentimiento
excepcional lo quebrantas.

El cual se impregna con partículas de pasión
y mirada con sesgo inofensivo,
cada instante asoma la inocencia
y solo queda el reflejo infinito del amor,
ya que el verdadero amor no está
en lo erótico o sexual de la existencia.

Solo una sílaba

Dame una fracción de esa palabra,
para sostenerme en la esperanza
que algún día me digas un adiós.

No precisamente tenga que ser una palabra de amor,
puede ser una sílaba
que perfile mucho aprecio que signifique para mí,
que no me ignoras.

Aunque mi alma por ti llora,
evitaré que mis ojos delaten a mis labios,
que muchos besos de tu boca imploran.

Solo esperaré que me hables,
tu voz evitará el ímpetu por mis temores,
con solo una sílaba de tus labios
expresen y me enamores.

Si uno de los dos muere primero

Si uno de los dos muere primero,
ten presente lo que te digo,
no olvides que en el más allá te espero,
prometo no te olvido.

Así pasen mil años,
así pasen mil siglos
y mi cuerpo convertido en osamenta te esperaré...
para amarnos sin angustias y sin tormentos.

Desde hoy quiero que sepas,
no me separaré de ti
aun estando muertos.

Allá te espero, en aquel fantasioso mundo
que sin reproche nos espera,
en su sagrada plazoleta llamada eternidad.

Cuando te toque el turno te daré la bienvenida,
haremos el amor nocturno en las tumbas a escondidas,
ideal sería todos los días.

Saldré de mi destierro
a gozar de tu frío sano,
bajo la luna y los luceros,
solo serán testigos los gusanos,
los que asustados mirarán
se entregarán al embeleso,
donde asombrados quedarán
ante la multitud de nuestros huesos.

Pero jamás esos insectos,
podrán impedir la felicidad de estos dos muertos,
que la encontraron después de morir,
en las tumbas del cementerio.

La mejor pelea es la que no se hace

Es un acto de cobardía,
cuando se creen valiente atentan contra la gente,
intimidan con las manos o el arma que sostienen.

La contienda solo hace hombres deshonrosos,
suelten ese instrumento peligroso,
!grita aquel indefenso sollozo!

No me interesa cuál de los dos gane, !jamás agredan!
No olviden que los golpes le hacen más daño
a quien los da que a quien los recibe.

La ira no es buena consejera,
ser tolerante es mejor que una persona grosera,
con la discordia solo lograrán malograrse.

La mejor pelea es aquella que no se hace.
No hay mejor pelea ganada,
es aquella que se evita.

Eres mi rompecabezas

Mi almohada es testigo cuando te espero,
con mis brazos abiertos y la ilusión casi perdida,
delirando por tu calor, conformándome con tus migas,
pidiéndote como una mendigo una esquirla de tu amor.

Confundida bajo el manto del cielo,
me pregunto en silencio ¿por qué te fuiste?,
si me ofreciste el mundo entero
y el fenómeno cósmico de un eclipse.

¡Nada cumpliste!, hoy ni el rayo de tu mirada
siento que el mundo se me cae encima,
cuadriculando mi pensamiento en crucigrama,
en donde encuentro un sinnúmero de preguntas,
que me dan solo respuestas amargas.

Mientras tanto,
seguiré envuelta en tus indescifrables mentiras,
que cada día me atormentan y me lastiman,
cómo quisiera que estuvieses aquí a mi lado,
para entregarte toda mi dicha,
porque desde que te fuiste, mis ojos no espabilan
en horas nocturnales.

Eres mi rompecabezas que horizontal o vertical,
da un mismo resultado
y solo podré entender si tú regresas a mi lado.

Pido a gritos tu extintor

Regresa, regresa que aun estando ofendida,
por no avisarme que te ibas con otra,
soy capaz de perdonarte,
ansiosa guardo tu lugar,
a que vengas a explorar
el manantial con tus gotas cristalinas
y te bañes en el caudal que tanto por ti suspira.

Ven… que mi pecho angustiado te llama
y a la vez me reclama,
los encantos que te llevaste
y los besos fogosos que de mis labios robaste,
que extasiaron mi pasión aquella tarde
en aquel viejo catre.

Ven y hazme compañía,
mis húmedos sueños no son suficiente para calmarme,
¿hasta cuándo vas a castigarme?,
estoy a punto de calcinarme,
pido a gritos tu extintor para que mi fuego apagues.

Myriam Cerón

AGRADECIMIENTOS

A Dios y a la naturaleza, que me brindan la oportunidad de vivir; a mis maestros, que me brindan la posibilidad de aprender; a mis estudiantes, que me brindan la oportunidad de enseñar; a mi profesión, que me brinda la posibilidad de subsistir; a mi familia, que me brinda la posibilidad de amar.

Al idioma, que me regala la oportunidad de escribir; a la fantasía y a la magia de la literatura, que me regalan la oportunidad de volar.

Sinopsis

Escribí tímidamente y lo que escribí tuve la oportunidad de que lo leyeran; los que lo leyeron me entendieron, me dijeron que escribiera más, que siguiera escribiendo y así lo hice. Pero no quería escribir sola y solo para mí. Entonces, como educadora, decidí que mis educandos también escribieran; para ello debí prepararme para enseñar el oficio que yo, hasta ese momento, empíricamente desempeñaba. Acudí a la lectura y al análisis de la crítica literaria, de la praxis literaria, a seminarios, talleres, contactos con otros escritores, editores, periódicos, concursos y recitales.

Todo lo anterior me permitió atreverme a enseñar a escribir, a hacer literatura con los niños y adolescentes de mi escuela y al final a proponer una metodología para la praxis literaria: primero leer, leer y comentar; leer y hacer crítica literaria, leer y analizar; leer y escribir; escribir y enseñar a escribir.

Así, en estas páginas, recojo algo de mi experiencia; de la experiencia de mis educandos y hago una propuesta sobre el marco metodológico —una guía, si se quiere— de un camino para que otros educadores, otros niños, adolescentes y jóvenes que se hayan dejado tentar por el canto de las musas, se arriesguen a navegar por el inmenso Océano de la literatura y puedan arribar a un puerto más seguro o a un buen puerto como escritores.

Biografía

Descendiente de familia gitana del Visi Mihaís que entre sus recorridos de nómadas pasaron a sedentarios, al encontrar en Popayán, Timbío, el valle del Patía y Tierradentro, un espacio para vivir con tranquilidad. En esa población inicié mis estudios en el Colegio San Antonio de Padua y en el Colegio Carlos Albán de Timbío para concluir en el Bachillerato Femenino San Agustín de la ciudad de Popayán.

Los estudios superiores los adelanté en la Facultad de Humanidades de la Universidad del Cauca, donde opté el título de Antropóloga. En la Universidad Mariana de San Juan de Pasto cursé estudios de Licenciatura en Educación Básica con énfasis en Lengua Castellana, Inglés, y/o Francés, Alemán. Los estudios de especialización los realicé en Gerencia Educativa y también en Docencia de la Lectoescritura, en dicha Universidad; con mención de Reconocimiento Investigativo por el trabajo: "La evaluación de la cohesión y la coherencia en lectoescritura, a partir de los textos escritos en el grado sexto del Centro Inmaculado Corazón de María de la ciudad de Popayán" y aprobé un semestre de la Especialización en Talento Humano con Metodología Avanzada de Autoformación –MAF– en la Universidad del Valle y estudios de Maestría en Educación para América Latina y el Caribe en el Centro de Investigación Internacional Fundación Iberoamericana para la Investigación Científica y Socioeducativa (FIP).

Al cumplir el municipio de Timbío 447 años de fundación, fui nombrada alcaldesa, siendo la primera mujer en alcanzar dicho cargo, además de ser la primera burgomaestre profesional; mediante elección popular fui elegida por el pueblo como honorable concejal, desempeñándome como vicepresidente de dicha corporación y presidente de la Comisión de Educación;

formé parte de la Red de Mujeres de Pubenza, FUNCOOP; docente y líder en procesos de desarrollo comunitario denominado Movimiento Cívico Independiente –MCI–; miembro del Museo de Ciencia y Tecnología del Cauca; formé parte del coro de la Casa de la Cultura –voz soprano– y del Grupo de Teatro Experimental del municipio de Timbío.

Elegía a Popayán

Mi bella Popayán ¡Oh, virgen del amanecer!
Que adornaron tu frente, inmaculadas rosas en el atardecer;
muselinas doradas, dibujaron tu cuerpo de diosa
y Apolo se extasió al mirarte, como hada grandiosa.

Cuando del morro miras sobre las leves faldas,
tus lomas reverdecen cual verdes esmeraldas,
por el sur, ingresando Belalcázar, ansioso,
tu hermoso y fértil valle, conquistó victorioso.

Del cerro, Las Tres Cruces, sobre el monte,
la escuálida figura se dibuja del Quijote,
que cabalga sobre tu ancho suelo,
deslumbrado por las perlas del riachuelo.

Tú albergaste en tu seno a Caldas y Torres con sus glorias
y el mundo conmovido escucha sus historias;
cantándole a tus hijos, te sorprendió Valencia,
escribiendo hermosos versos con total transparencia.

¡Popayán! te adoramos por linda, gloriosa y sonriente;
hermosa y ausente, cual bella durmiente;
con tu belleza eterna de sin igual escultura,
a los dioses, encanta tu sin par hermosura.

Tu piel marmórea, tus negros ojos bellos
y tu mirada enigmática, irradian destellos
y enmarca tu linda cabellera
tu hermoso rostro ¡cual quimera!

Con tu rostro virginal y en tus labios,
eternizas el numen que bebieron los sabios;
irradias en tu rostro idílica sonrisa,
que pintada en un lienzo, envidiaría Mona Lisa.

¡Popayán! Tu sin igual belleza admiramos con goces;
tu beatífico sueño vigilan los dioses;
tu frente engalanada con los rosados lotos,
nos predicen tus sueños, futuros ignotos…

¡Popayán!, villa de campanarios y casonas de paredes blancas;
madre nutricia de poetas, mártires y santos,
de las "cigüeñas blancas", de los "lánguidos camellos",
vagando taciturnos a sus exilios.

¡Popayán!
¡Oh ciudad blanca y fecunda!
De románticos idilios,

ODA AL AMOR

El amor es navegar sobre la mar sin olas,
es escuchar el triste canto de las aves solas,
es ver caer las flores sobre el prado humedecido,
es sentir alivio en tu cuerpo dolorido,
es ver llover sin que la lluvia moje el heno,
es trasegar por un sendero de perfumes lleno.

El amor es beber un sorbo de agua en el desierto seco,
es gritar fuerte sin escuchar el eco,
es caminar, aunque el viento fuerte te retenga,
es abrazar al viajero amigo cuando venga,
es recordar la música bella,
que a nuestras almas llega,
cuando el vetusto piano se detenga…

El amor es saludar al transeúnte triste, sin estrella,
acompañado de luceros en la noche bella,
es pintar un lindo cuadro de un barco que navega,
es sentir el rocío en nuestros rostros que, a los ojos ciega,
es recordar al buen amigo que te estrechó sobre su pecho,
es ver sonreír a un tierno niño desde el lecho.

El amor es cautivar las miradas absortas cuando pasas,
es escuchar el mágico aleteo de las garzas,
es confundirse entre la multitud ansiosa,
en la calidez de comunión beneficiosa,
el amor es como un bálsamo en tu dolor ardiente,
frente a una sociedad indiferente.

El amor es percibir el sol sobre tu piel desnuda,
es sentir el tierno abrazo, cuando tu hijo te saluda,
es escuchar el susurro de unos labios que te admiran,
es adivinar el acecho ardiente de unos ojos que te miran.
El amor es estrechar la mano bondadosa,
de un fiel amigo por la senda dolorosa.

A mi padre

Tú, hijo de María, cuyo abuelo, dicen fue un gitano
y José tu padre, maestro y hermano,
aun siendo un infante, con melodías suntuosas,
te distrajo lindo niño con canciones hermosas.

Cuando fuiste a la escuela también te destacaste
y un gran maestro entonces, te premió por brillante,
de la sagrada familia el cuadro aún conservamos,
al igual que San José y el niño, también admiramos.

Devoto de la Virgen María, por ti siempre aclamada,
le dijiste: tú que llevas el dulce nombre de mi madre amada,

no permitas que yo muera, antes de ver crecer a mis hijos
y Dios y ella te concedieron tales prodigios.

Temías morir de repente azotado por un rayo
y escogiste a Santa Bárbara, protectora sin desmayo,
con mucha fe veneraste en un altar su escultura
y luego se la donaste para la iglesia a un cura.

Fuiste padre ejemplar, ¡cómo amaste a tus hijos!
asido de mi mano me resolviste acertijos…
Paseando por la orilla del río, tomaste mis manos
y me explicaste la cultura de los hombres gitanos.

¿Los gitanos por qué son ambulantes?
Porque vienen de Arabia y son trashumantes,
¿por qué en colchón de plumas realizan su descanso?
porque alojan sus colchones muchas plumas de ganso.

¿Quién manda a los gitanos? Respondiste con gracia…
De todos el más viejo, se da gerontocracia,
¿quién bautiza a los niños y casa a la pareja?
Te lo recuerdo… ¡La persona más vieja!

¿De dónde vienen los gitanos? Hija, te lo repito…
Los gitanos provienen de Egipto;
¿por qué visten con ropas tan largas y cubiertas de seda?
Porque de su cultura es algo que aún les queda.

Y llevan las gitanas pañoleta amplia por doquiera…
cubierta la cabeza y su larga cabellera,
si están comprometidas y tienen compañero,
cubren su cabeza con amplio pañolero.

Y si, por el contrario, aún está soltera,
exhibe por la calle su hermosa cabellera

y, ¿cómo se alimentan debajo de esas trazas?
Comiendo carne asada dorada por las brasas.

¿Acaso una gitana con otro hombre se podría casar?
No, porque a pena de muerte la pueden condenar.
¡Que hermosas las gitanas! Las podemos comparar,
con la belleza de Cleopatra y nos invitan a soñar.

Montado en su caballo, ¡aparece un gran gitano!
Mi padre, avanza presuroso a saludarlo… ¡Oh hermano!
A que lean su mano acude mi padre, muy seguro,
eufórico diciendo: ¡Las gitanas predicen el futuro!

¡Los árboles seres vivos son!

Los árboles son indefensos niños inocentes,
se refugian al abrigo de amigos cual dolientes;
víctimas son de inescrupulosas personas,
que ambicionan el poder y dinero cual coronas.

Testigos mudos de tantas alegrías,
bajo tu sombra reposaba en días,
en grupos jugueteaban algunos niños,
que su estudiar terminaba en desaliños.

Los ancianos que por allí pasaban,
sus profundas miradas al cielo alzaban;
¡gracias, oh Dios! por permitirnos gozar
del aire y la brisa consentirnos.

Cuántas generaciones, ¡oh Dios santo!
Desfilaron protegidas bajo su manto;
recordaba un grupo, quizá de adolescentes;
sus ósculos de amor aún inocentes.

Tertulias: maestros conscientes interrumpieron
y posando su mirada prorrumpieron,
¿esto es un avance o retroceso? En discreto,
es cambiar la naturaleza por concreto.

Es arboricida ecológico que un valiente,
se atreva profanar visiblemente,
ese templo sagrado de los mayores
y truncar hermoso nido de amor de los menores.

Una tarde soleada, el mes de agosto entraba…
Y un grupo de niños que por allí paseaba,
escuchó el ruido asesino de una sierra
y gimiendo vio caer los árboles a tierra.

En clase de Ciencias Naturales,
los niños se preguntaban a raudales:
¿por qué a los árboles nos enseñan a amarles?
Cuando otros ya no quieren ni mirarles.

No, respondió Juanito alborozado,
nunca la naturaleza se ha comprobado;
será la causa de tantos desafueros,
que algunos señores ambicionan fieros.

En otrora oportunidad me dijo un pajarito,
que sus nidos destruyeron facilito
y que el asesino rechinar de motosierra,
despertó a sus hijuelos en la tierra.

Azotando puertas y ventanas de la escuela,
corriendo el viento, dejó una gran secuela;
musitaba: seguiré a mi paso destruyendo,
pues me quitaron las barreras, concluyendo.

Cuando el sol aparece por el oriente
y en el atardecer se oculta por el poniente;
mirando desde el cielo cual oráculo;
concluyó: ¡me parece grotesco el espectáculo!

Amigos respetuosos amantes de la naturaleza:
unidos lanzad un grito sordo de protesta,
consecuencias sufrirá la naturaleza ignotas:
¡cuando agonice con sus venas rotas!

Tarde oscura

En la tarde de octubre más oscura,
sorprendida de relámpagos y vientos sacudida,
miré a lo lejos el sendero como alfombra,
tapizado con hojas, ¡no te nombra!

Miré a mi lado y pregunté a los árboles, callado,
si te han visto pasar desesperado,
a las límpidas aguas del riachuelo,
que no resisten la causa de mi duelo.

Clamé a la lluvia que cesara ya los ruidos,
pero, ella impávida continuó con sus gemidos,
busqué en los espejos de la mar caídos
y hasta en las olas del acantilado enrarecidos.

Soñé en fastuosa y soleada lontananza,
donde el espíritu de Dios, sí alcanza;
remonté los abismos y los mares,
pero todos me han dicho sus pesares.

Consulté a los oráculos de Apolo
y ellos creen que tú meditas solo,
en la luna llena esplendorosa,
que en octubre se avista más hermosa.

Agradecimientos

En primer lugar, quiero agradecerle a la Universal Casa Editorial, por permitirme formar parte de esta hermosa historia que lleva por nombre; "Antología poética, Colombia es poesía".

Extiendo también un agradecimiento, al Sr. Antonio Márquez, por su compromiso para con el proceso desarrollado y por darle alas a los sueños de tan grandes y maravillosos autores.

Agradezco con el alma en la mano, a cada musa que aún sin saberlo, se encuentra presente en mis escritos; porque sin ustedes no habría sido posible despertar este sueño infinito.

También empapo con mi esencia de gratitud a mis padres, mis hermanos y "la niña de mis ojos", por darme en cada una de sus sonrisas, un motivo diario para hacer volar mi imaginación, mis ideales y todo cuanto anhela libertad en mi ser, en mi pensar, en mi lluvia y en mi fuego. En este capítulo que ha escrito el universo.

Y cómo no agradecerles a ustedes:

. Musa de octubre.

. A. caído.

. Familia Cocu White.

. Alejandra.

. Anónimo N. L.

Gracias por ayudarme a entender lo bonito que es perdernos y aprender, para renacer y encontrarnos en los laberintos de nuestra propia piel. **Por tanto, por todo... Gracias, gracias, gracias.**

Sinopsis

Por días de febrero mi alma partió de casa. Quería un mañana, perseguía un sueño. ¿Cuál? El mágico anhelo de encontrarme. De la nada me vi en otras tierras, lejos de amores quiméricos, de historias inconclusas. No tenía conmigo más que un bolígrafo, un vagabundo cuaderno, millones de musas, un infierno de recuerdos y a mis sentimientos amenazando con convertirme en ceniza, llegando a tal punto, de cuestionarme mi propia existencia.

En medio del trance, las fuerzas superiores colocaron en mi vida a personas ciento por ciento visionarias; que alentaron mi camino de forma tan bonita, que hicieron hasta de mi cumpleaños, un momento mágico e indeleble en el libro de mis memorias.

Es allí justamente, entre universos de poesía, entre planetas de libros, entre noches que cantan y entre conversaciones con mi ayer y mi conciencia; cuando fragmentos de éter se regeneraron en mí, cambiando versos llenos de rabia, dolor y rencor, por ecuánimes escritos, fruto del parto al que he bautizado: "Amor propio, amor del bueno. Aprender a soltar; alcanzar el perdón".

Mil millones de huellas en siete poesías, las mismas poesías que fueron exilio y lección para sanar, remover y perdonar heridas; heridas que acepto, agradezco y suelto... Heridas que hoy son aprendizaje, esencia y viento.

Biografía

Escritora y poeta, nacida en hermosas tierras de páramos y cumbres, esencia de Güicán de la Sierra. Nací el 25 de marzo de 2002, pasando a ser, la segunda de cuatro hijos de la familia. De niña fui muy disciplinada, sin embargo, el amor por las letras, no se hizo presente sino hasta el momento en que cursé décimo grado en la E. N. S. del municipio, en 2016.

Los primeros autores en cuestión de lectura fueron Cheryl Lanham y Becca Fitzpatrick, los cuales marcaron mi vida para siempre, con la versatilidad y emoción de sus escritos.

En 2019, me gradúo como Normalista Superior; con el tiempo y a medida que conocía e interactuaba con personas inmersas en el mágico mundo de las letras, mi habilidad mejoró, llegando a tal punto de ser admitida en un proceso de selección para publicación a finales de 2020, el cual en los primeros días de septiembre de 2021, refleja su esperado fruto, viendo así la luz mi primer libro, titulado "Espejismos y esquizofrenia".

Actualmente continúo haciendo de las letras el boleto de viaje de mi imaginación y dejando el alma en cada verso, en cada línea, en cada chispa de inspiración.

Alejandra

Tengo un reto antes del día diez del mes,
veinte benditos poemas lograr completar;
hoy… primero de mayo y aunque sábado,
la inspiración me ha venido a buscar.

Vino y se disfrazó de necesidad,
por llenar cocina y alacenas;
he terminado aquí… en este café,
en medio de tantas invisibles personas ajenas.

Pido un café, la chica es atenta,
llega un desplazado, pidiendo piedad en la puerta;
mi instinto me maneja usando mis muñecas,
molestando de nuevo a la atenta mesera.

Un par de billetes, para que al mendigo algo le ofrezca,
actitud ferviente la que maneja;
un par de palabras y una sonrisa escondida,
que a parecerse a un ecuánime ángel la lleva.

Paciencia en sus manos,
fuerza y coraje en su rostro,
daño en su pasado;
millones de cicatrices en el alma de su dorso.

Voluntad de servicio, mientras pido un cappuccino;
—¿Con licor? —pregunta.
—Con poco —señalo.
Mientras una mirada profunda intercambiamos.

El cappuccino está extinto,
ella ha hecho un par de mandados;
prometo volver a entregar y agradecer,
todo lo que ella me ha inspirado.

Me faltan diez poemas,
pero las manos se me han cansado;
tu nombre será arte y memoria,
Alejandra.

Porque he de decir solo lo necesario…
Volveré cuando en antología,
este poema
haya sido físicamente publicado.

Aridez pagana

Este deseo de tenerte,
se deduce a escurridiza arena;
tatuando caminos de acre en mis manos,
exfoliando cada pequeño roce de pureza.

El fulgor de esperanza oscura,
me reprocha el manto estrellado que tejí para ti;
ni el peor exiliado en tiempos de faraones,
fue tan terco y masoquista,
como el eterno capricho de tenerte aquí.

El agua azufrada que bebe el anhelo,
recorre desiertos en busca de espíritu;
¿a dónde has ido, memoria de cristal?
¿En dónde tu nombre, es susurrado por los niños?

¿En qué guitarra grita hoy, El FA# de tu soledad?
¿A dónde ha ido aquel arpegio;
que recostado en mi pecho,
te gustaba interpretar?

¿En qué fase de la luna,
se ha quedado el polo norte, de tu corazón?
¿En qué biblioteca has dejado disfrazado,
el falso y tentador sigilo de tu protección?

¿Cuántas palabras conforman hoy,
la facilidad con que me olvidaste?
¿En qué casino deambula hoy tu suerte?
Con el desgane en el bolsillo, por fallarte.

¿A dónde irá este sueño
que me pintaste en un retrato a retazos?
¿Cuánto ha de costar, cortar con hoz de fuego,
las alas de este diáfano Pegaso?

Si por amarte, traicioné mi orgullo,
por tenerme, enalteciste el tuyo.
Si por perdonarme, te maté con mis propias manos,
por perdonarte y liberar el daño…
He de reemplazar mi lápiz labial,
por un beso de magia y cianuro.

ASFALTO

Luces tan triste en aquella fotografía…
Que hasta el peor de los psicoanalistas,
notaría que mueres a diario, que sufres por callar,
hasta el tiempo temería perderse en tus pupilas.

Pupilas que lloran con gritos de silencio,
silencio que sangra entre invisibles lágrimas;
lágrimas que danzan el vals de la muerte,
mientras alimentas al mundo con más y más mentiras.

Mentiras bajo tu almohada, bajo tus labios,
mentiras bajo tus manos, iris y pestañas;
tu dolor pide el exilio entre pensares y suspiros,
tus miedos ahogan cualquier estática esperanza.

En aquella fotografía…
Tienes la sonrisa más triste, que el peor de los payasos;
estás tan destruida que tu piel de porcelana,
no es otra cosa que un ilógico fragmento del pasado.

Podría jurar que en aquel entonces,
eras algo más, que una presa sumisa del miedo a perder;
eras el sueño desterrado de quien se promete,
que despertará temprano, para huir de su propia piel.

Te aferras al maquillaje sobre tus mejillas,
como si fuese fácil cubrir;
los cráteres que en historia
guardan tus pómulos.

Quienes te ven y hablan contigo a diario,
no lo notan porque además de dormidos,
están insensibles, mudos, ciegos y sordos.

Pero hoy, un par de años después,
puedo decir que has cambiado, renacido.
Has sanado.

He de agradecerle a la poesía, al arte por salvarte;
he de agradecerle a quien te hizo tanto daño;
por enamorarte, por destruirte, por asesinarte;
porque sin saberlo...
te dio un millón de razones para reinventarte.

De amor y raíces

Y si preguntan dónde viví,
solo diré que ha sido en mí;
no en este circo orientado por parásitos,
¡no en estos tiempos de arrogancia febril!

Viví en aguas puras,
en paisajes de cristal;
no en calles pintadas con el rojo del olvido,
¡no en este vacío lleno de ansiedad!

Viví bajo cielos con musas,
donde es imposible, todas las estrellas contar;
no bajo un techo de aire contaminado,
que en lugar de paz, te da nauseabunda soledad.

Viví entre personas con magia,
Que a diario te inspiran a cantar.
No entre títeres gobernados,
Por un patriarcado absurdo: ¡FALSEDAD!

Viví entre numen constante,
que te recuerda quién sos;
no entre supuestos "pares" dominados,
sin metas, sin coraje, sin vida, sin sueños, sin voz.

Viví entre ayeres frágiles, pero aprendices,
que te inspirar a quererte y a luchar;
no entre mañanas, sin acción soñados,
que te disecan desde la energía hasta la voluntad.

Viví en mí, viví en mis letras;
viví en mi pueblo hecho arte,
porque aunque viaje y salga físicamente de allí…
¡Viví, vivo, viviré en mi hermoso e indeleble Güicán!

TEJIENDO FELICIDAD

Trenzaré la tristeza,
haya o no luna llena;
encenderé el fuego que llevo en el alma,
aunque la humanidad sucumba en la pena.

Trenzaré la tristeza,
mientras los demás le huyen al miedo;
uno, dos, tres… nueve mechones,
seguirán marchando en verano e invierno.

Trenzaré la tristeza,
haciendo de las fallas mi escuela;
porque mientras mi alma mater siga con vida,
no me es posible enamorarme para siempre de la pena.

Trenzaré la tristeza,
porque infierno, cielo y tsunami los llevo dentro;
mis ideas y sueños ya no admiten excusas,
mis vidas de ayer, quieren tregua y descenso.

He de trenzar la tristeza,
porque elijo que no me queda de otra,
si ayer me asesinaron sin clemencia,
hoy no he de volver a permitir…
que mis pupilas reflejen, ni derrota, ni demencia.

Trenzaré la tristeza,
porque me he cansado de reprimir;
trenzaré la tristeza porque agradecer,
amarme, amar al universo;

ha hecho que me encuentre,
me ha llevado a ser feliz.

Tregua

En esta historia los amantes huyen, se marchan,
las monjas tientan a la suerte y se dejan seducir;
los mudos cantan y los ciegos observan…
Mientras Dios se dispone a sonreír.

En esta historia el héroe es villano,
a las mariposas las declaran santas;
el circo es cárcel y la iglesia cementerio
y Dios, tan solo… ha dejado de pensar en el mañana.

En esta historia, el sordo escucha
y al matrimonio lo declaran pecado;
el sol es ahora negro y la luna roja,
mientras Dios sigue negando que está enojado.

El agua bendita, ahora embriaga,
mientras a la cerveza la declaran santa;
en esta historia los sátiros son puros
y de paso los santos… Saltan por la barranca.

En esta historia, el cuerdo, ahora es poeta
y al poeta lo han asesinado las letras;
en esta historia, Dios se arrepiente de crear el amor,
justamente mientras alguien da tres golpes en la puerta.

Un grito en la mazmorra

Lanzaré un grito al vacío,
esperando que la luna venga;
en medio de un anhelo bañado en fuego,
rogaré que de venir,
mis vanas memorias se abstengan.

Le suplicaré a la lluvia,
que empape esta fiebre de ti;
le rendiré tributo a cada trueno,
cuando algo en mí me diga…
Que justo ahora, estás siendo infeliz.

Me como las uñas,
me rasgo la ropa
y no encuentro nombre ficticio,
para esta empírica mazmorra.

Mazmorra con rejas de soñarte,
mazmorra con suelo de escribirte;
mazmorra que gritando al vacío señala,
que no está dispuesta ni a querer,
ni a perderte, ni a olvidarte.

PEDRO A. CORREA

AGRADECIMIENTO

Agradezco primeramente al Creador, que me dio este don de poder escribir lo que mi alma y mis sensaciones experimentan; a mis padres, que me dieron la vida y el impulso en mi formación académica; a mis hijos, que son el motor de mi existir; a la mujer, fuente principal o musa de inspiración; a todas las personas y familiares que han creído y aceptado mis escritos poéticos; a La Universal Casa Editorial, que me brinda la oportunidad de dar a conocer mis poemas.

Agradezco también a mis seguidores, que desde hace bastante tiempo han admirado mis escritos y valga decir de aquellos que en un futuro puedan serlo.

Muchas gracias a la vida por permitirme trascender en el tiempo.

Sinopsis

Mis escritos poéticos son diversos en su contenido y temática, ya que mi estilo como poeta es muy diverso. Escribo a la naturaleza, al amor, al paisaje, a la mujer como principal fuente de mi inspiración.

Mi estilo está fundamentado en mi sensibilidad frente a los acontecimientos cotidianos y a las diversas sensaciones que mi alma experimenta frente a hechos diversos de mis vivencias y de las vivencias del entorno que me rodea.

Biografía

Soy Pedro Alonso Alcántar Correa Nomesque, nací el 22 de agosto de 1961 en Aquitania, Boyacá, Colombia; estudié en la escuela rural de la vereda de Suse hasta quinto de primaria, mis estudios secundarios en la ciudad de Bogotá y universitarios en la ciudad de Villavicencio y Sogamoso.

Desde mi niñez sentí el placer de leer a diversos autores por quienes sentía admiración de sus escritos poéticos y quienes motivaron mi inspiración.

Canto a Villavicencio

Villavicencio hoy te canto
gustoso y con mucho amor,
tus paisajes y tu entorno
son musa de inspiración.

Tu pie de monte llanero
es un manto de emoción,
con tus aguas cristalinas
que irrigan tu población.

Cristo Rey tu vigilante
te ve con admiración
y el gran río Guatiquia
te cuida de corazón.

El gramalote y maizaro
son tu gran circulación,
en tus aguas llevan vida
a esta prospera región.

Son tus lares y senderos
con su ambiente natural,
invitan al mundo entero
a tus planicies ya visitar.

El que llega se enamora
de su música y su danzar
y de esas bellas mujeres
que embrujan al caminar

Soneto a mi padre

Padre, en mi mente estás presente,
después de tantos años de ausencia,
tu amor y tus consejos siempre listos,
me recuerdan a menudo tu presencia.

Tu ejemplo y bondad están presentes,
en momentos de alegría y de tristeza,
con gran fulgor vuelven a mi memoria,
esas palabras de aliento con firmeza.

Con tu férrea filantropía me enseñaste,
lo hermoso de la vida y su grandeza,
con mano firme y diligente me formaste.

Le imploro y ruego al Dios del cielo,
que en su presencia te acoja generoso,
por haber sido tú, un padre bondadoso.

Soneto a la soledad

Soledad en el fondo eres amiga,
en noches de desvelo inspirador,
que hasta sirves tú, cual musa,
a todos los poetas en su dolor.

Pero tú asustas, soledad malvada,
en momentos de dolor y amargura;
profundizas las penas y los dolores,
de aquel que vive y sufre su locura.

La ansiedad ante ti es prolongada
y tu presencia soledad malvada,
como la gota en la roca sepultada.

Con todo y esto soledad vilezca,
te necesito en noches caviladas,
que mitigas el alma atormentada.

Lago de Tota

Enclavado en las alturas
del macizo colombiano,
se erige muy imponente
un paisaje macondiano.

Se funden aguas con cielo
en ese azul muy encantado,
el verde de los sembrados
forma ese paisaje soñado.

Adornando a este paisaje
forma imágenes y reflejos,
tus aguas cual lindo espejo
de belleza y de embelesos.

Tiene historias ancestrales
y siempre te han mitificado,
en sus aguas almacenadas
las leyendas de un pasado.

Esas leyendas del pasado
en historia te ha enmarcado,
como el lago más hermoso
de este Colombia añorado.

Tienes más mitos y leyendas
que encierras en tu pasado,
en la profundidad de tu lecho
se encuentran allí anegados

Inspiración

Voy a darle rienda suelta
a toda esta inspiración,
que tiempos determinados
todo convierte en canción.

Los poetas vemos musas
en cualquier tiempo y lugar,
transformamos escenarios
en lindos versos para cantar.

Las alegrías y las tristezas
son musas de inspiración,
la imaginación de los poetas
le dan su transformación.

La inspiración me fascina
me da un nuevo renacer,
a ese letargo tan maldito
en que a veces suelo caer.

Cuatro rosas

En el huerto de mi existir
nacen cuatro lindas rosas,
adornan mi más bello jardín
son ellas rosas hermosas.

Mi primera inspiración
es linda y fuerte mujer,
Lilia Carolina bello nombre
aromas con todo tu ser.

La segunda fue plantada
y Es mujer llena de gracia,
Yohana es su bello nombre
hace honor a su fragancia.

Cultivé otra de mis rosas
altiva, bella y noble mujer,
Lady Patricia bello su nombre
la nobleza irradia en su ser.

La ultima de mis rosas
mi fiel y bella garcita,
llamada Cristina Isabel
es mi hermosa llanerita.

Cuatro rosas que enamoran
mi jardín lindo y frondoso,
nacieron lindos sus pétalos
Dios cuida mi edén hermoso.

Quinto elemento

El universo en su plenitud
me brindó lindo momento,
para escribir unos versos
a este universo perfecto.

La luna desde los cielos
cual más bello nacimiento,
fue naciendo tras el cerro
dando su luz al firmamento.

Rayos de un rojo enrarecido
apareció en el firmamento,
iluminando aguas y playas
de ese lago lindo e inmenso.

Las olas en ese instante
pararon sus movimientos,
para contemplar la luz
en esos bellos momentos.

El ambiente de ese paisaje
fue sublime como el viento
y la naturaleza encantada
adornó ese lindo nacimiento.

Las aguas, la luz de luna,
arena blanca y el viento,
cuatro elementos unidos
hicieron el bello momento.

El quinto elemento era yo
suspendido allá en el tiempo,
de ese momento tan sublime
que me brindó el universo.

Tu cumpleaños

Hoy estás cumpliendo años
quiero escribirte este verso,
eres la mujer más hermosa
que me ha dado el universo.

Tú eres honesta y sencilla
y muy sensible, tú corazón,
eres cual pétalos de rosas
que transportan mi razón.

Eres también tú, aprendizaje,
que dan el tiempo y el amor,
das ejemplo a tu generación
con la fragancia de una flor.

Hoy la vida te ha premiado
con darte vida y con razón,
porque en tu vida solo hay
paz y amor en tu corazón.

Quiero en este cumpleaños
que Dios te dé su bendición,
para que en el pronto futuro
se te cumpla toda tu ilusión.

Los años son esas vivencias
que día a día hacen madurar,
por eso con todo mi corazón
y un beso, te quiero felicitar.

Soneto a tu belleza

Eres la mujer más preciosa
que en conjunto ha existido,
tu alma cual pétalo de rosa
tu mirada tesoro prometido.

Es tu bello rostro iluminado
margarita blanca de pureza,
sonrisa como hálito soñado
y tu ser colmado de nobleza.

Tus ojos reflejan la dulzura
del ser alegre y bondadoso,
que eres tú lleno de ternura.

Tus labios de cálida sonrisa
adornan tú espíritu y belleza,
como beso suave de la brisa.

Eres arte y poesía

Eres arte y poesías a mis sentidos,
eres inspiración de mis canciones,
eres el universo bello y bondadoso,
eres el ideal de mis composiciones.

Eres mujer, eres arte en todo tu ser;
eres tú, la escultura del hábil pintor,
eres musa de inspiración del poeta
que hace versos como su fiel autor.

Eres el amor hecho versos y poesía,
eres tiempo religioso todo momento,
de ser tú acompañante en el tiempo,
saciar la ilusión del hombre sediento.

Eres arte, eres poesía escrita en oda,
también larga prosa y lindos versos,
eres poesía de mil formas y sonetos,
poema y pintura de artistas diversos.

Ricardo Villalobos

AGRADECIMIENTOS

De manera muy cordial agradecido con Jehová primeramente. Agradezco a la familia.

A los amigos por siempre estar ahí para mí, sin importar lo difícil, fueron días en los cuales sentí el temor y flaqueó el deseo de luchar.

Gracias a La Universal Casa Editorial, gracias por darle vida a los que amamos escribir. He de recordarlos con mucho cariño.

Sinopsis

Busco dejar al descubierto sentimientos en palabras cotidianas, dándole vida a cada línea.

Escribo dejándome llevar por el corazón y así causar momentos de inmensa felicidad o tristeza.

Resalto también el gran amor por mi creador.

Biografía

Mi nombre es Ricardo Villalobos Flórez, más conocido como el poeta de los sueños rotos. He participado en encuentros nacionales e internacionales virtuales; también en antologías nacionales e internacionales.

Ganador en dos concursos de poesía. He obtenido el premio nacional e internacional Gaviota de Plata en Argentina.

He participado en revistas locales e internacionales. Tengo un libro que lleva por título "Mil y un momentos de tristeza", el cual está disponible en Colombia, Estados Unidos, Chile, México, Argentina y Perú.

Tardes grises

El eco de las aves en la playa se alejaron
y lo nuestro murió aquella tarde sin tener remedio,
al igual que muere el sol.

Por más que intenté no fui capaz de detenerte,
aquellos ojos inundados en llanto
me era imposible mirarlos.

La intención de quererte abrazar,
se esfumó,
no he vuelto a sonreír.

Han pasado muchas tardes
y aún sigo esperando
por si decides volver.

Si darte un beso es morir
ya habría muerto.

Te sueño despierto,
el quererte es como un cuento,
te he amado desde el primer momento.

En tu espera

Vuelve y deja todo,
aléjate, que nada te haga dudar.

Te fallé, lo entiendo, he cambiado.
Ven a mi encuentro, te amo,
tus labios son los más dulces,
a otros ojos no pretendo mirar.

Sentía miedo y me alejé sin dudar,
buscando la oportunidad de poder triunfar;
simplemente me alejé sin decir palabras,
aún sabiendo que te amaba un mar.

Así que me alejaron y con tu adiós.
me condenaron,
sé que no imaginas cuánto he llorado
o las veces que tu nombre he gritado.

Considero que he sufrido demasiado,
solo quiero que vuelvas y ansío decirte
muchas veces que te amo.

Sin razón

Mi alma llora
completamente desnuda
y yo callo.

En el intento de ser valiente me desmorono
contemplando lo que es mi derrota
y el mundo sigue.

Me aferro a una esperanza perdida,
a tus besos; qué terco soy, nada queda,
eres tan feliz y yo sufro.

¡Terco corazón!
Qué problema contigo, entiende ya,
nunca te ha querido.

¿Por qué te ciegas a sus caminos?,
en otros brazos buscó su abrigo
y aquí yo, evitando morir de frío.

¡Corazón!
Solo quiero que logres entender
que has perdido todo.

Mi confianza, sus abrazos
y su querer,
que era mi mayor tesoro.

Instantes

Con las horas contadas,
sin sueños por cumplir,
él se encuentra.

Duele mucho ver su andar,
tomando un café lo encontré,
acompañado de un cigarro.

Su mirada perdida, en su rostro una inmensa tristeza,
no cruzó palabra alguna,
no paraba de llover y en la intensa lluvia se alejó.

Lo recuerdan como un gran hombre,
digno de ser llorado;
¿qué será de ese hombre que le consideraba un hermano?
¿Qué será?
¡Lo que le prometieron fue en vano!
Descansa en otra cama aquella que le veían de la mano.

Si le vuelvo a ver preguntaré:
lo que le atormenta por años...
¿qué fue?

Un pueblito llamado La Sierra Cesar

¡¡¡Ay mi pueblo!!!
Cómo duele estar lejos,
cómo te recuerdo en mi transitar.

Tus calles,
tus atardeceres y tu festival,
vivir lejos no quiero.

En mis días lejos ya nada es igual,
ni mi vida, mi sonrisa,
ni lo deseos de querer luchar.

Al marcharme he perdido una gran parte de mi vida,
a quien le juré aquella noche
que la quería.

El alma me crema esa fugaz despedida,
ansío volver, recuperar mi vida
y aquellos amigos con quien compartía.

Pedir en oración a nuestra patrona Santa Rita
un domingo por las mañanitas,
salir al jagüey por las tardecitas, disfrutar de las pasitas.

Quiero resumir una historia bonita
y elogiar a mi pueblo
que lo necesita.

Humildes personas,
qué grato recuerdo,
no cabe en el pecho lo que estoy sintiendo.

Con gran serenidad
y consciente en lo que estoy escribiendo,
se despide con amor un hijo del pueblo.

Presenciando mi muerte

Qué extraño,
¿será solo un sueño?
¿Por qué se escucha tanto lamento? Despierto.

Alguien se ha muerto,
vuelvo a quedarme dormido
sin poder percibir que aquel sepelio era el mío.

Se oye el cantar de los gallos a medio día,
un domingo como avisando
lo que más tarde vendría.

Desperté averiguar muy deprisa,
tomé el sombrero,
tomé una negra camisa.

Pude notar entre la gente
y se les notaba el desespero
y de tanta angustia sentí erizárseme el pelo.

La conmoción tocó a millones a participar
de aquella caminata,
se dirigían al panteón con una linda serenata.

Miré a conocidos,
también a amigos llorando,
sin dudar exclamé, tuvo que ser buen muchacho.

Miré a mi madre, a mi novia y esto más me conmovió,
pues pretendía darle mi último adiós y me inundó la tristeza
al comprender que aquel difunto era yo.

MIS PASOS LENTOS

¡Tu nuevo amor!
¿Te hace feliz?
¿Lograste olvidarme?
¡Qué bien se te da!
Bueno, es prueba que nada queda.

Seré prudente ante la gente
que me observó quererte.
¿Dónde están los votos
de armarnos hasta la muerte?
¿Dónde están?

¡Fue mentiras siempre! ¡Oh vaya!
¿Qué hay del no irte nunca?
Si hoy estás en otros brazos,
le diste a mi amor un total rechazo
y sufro en tu ausencia.

Oraré por ti cada noche,
en superar cada prueba seré constante,
ando sin rumbo cual caminante,
que en el afán de olvidar su querida,
busca consuelo en las bebidas.

El amor, el tiempo, son fugaz, como la vida misma.

La foto de los dos

¿Qué gano con querer ocultarlo?
¿Qué pretendes? Si vieras caer mis lágrimas,
mi corazón agoniza, no siento sus latidos,
muere lentamente cada día.

¡Regresa! Te necesito,
ando sin rumbo,
cual barco a la deriva
en perenne tempestad.

Cual hombre perdido
en las más tenebrosas de las penumbras,
solo me queda tu foto, el más bello recuerdo,
no me queda nada más.

Nada puede repeler tanta soledad,
mi vida se halla marchita,
al igual que mi alma,
ya no me quedan sueños por cumplir juntos.

Si muero,
he de llevarme conmigo,
aquella foto de los dos.

Nació una estrella

Te he esperado por mucho tiempo,
he esperado para darte un abrazo fuerte
y todo en la vida.

Entre las rosas y claveles
sos la más bella,
tu voz me da aliento, me das mucha felicidad.

Qué bello es sentirse ser papá,
he vivido momentos difíciles,
con tu buena llegada no tendré más ayes en la vida.

¿Sabes? He quedado atónito al tenerte en mis brazos,
sonrío y lloro, es inefable mi felicidad
y de esta manera quedo perplejo.

No estará mi corazón adormitado, ni mis ojos
y en mis labios dibujaré una sonrisa
al refunfuñar tu nombre.

Que el quererte sea perenne,
sea esa mi última voluntad,
entre lágrimas, sonrisas y recuerdos.

Tristes de mi ayer te abro el corazón
y en mis humildes líneas te doy lo mejor
y afirmo que de mí conocerás la mejor versión.

El embrujo de tu mirada

Como aquel prisionero que no cuestiona su culpa,
me encuentro sumergido en tu amor y sin salida,
no volveré a ver jamás a otros ojos,
me quedo con los tuyos y con tu amor.

¿Eres tú a quién anhelabas encontrar?
Toma mi mano y no me sueltes,
sumiso esperé muchos años,
es la razón de no querer escapar.

¡Ay! ¿Qué será de mí si te alejas?,
es inevitable morir,
sería de los hombres que al mundo se esconde,
para que no lo vean sufrir.

Muchos dirán que un joven tan noble
por tanta belleza a su creador constante le reza
y es esta la razón de no intentar jamás,
querer sacarte de la cabeza.

Un abismo sin salida

He perdido tu amor, los deseos de vivir;
he perdido todo en un instante,
he perdido mi hogar,
las ganas de intentarlo.

¿Qué más queda por perder?
Nada;
soy aquel vagabundo destinado a morir,
lentamente y sin ningún consuelo.

Vivir ya no quiero
y aborrezco los consejos,
qué cruel es la vida, dónde están aquellos
que decían ser amigos.

¿Dónde están aquellos
que al abismo me arrastraron?
Y al dejarme perdido sin dudar me arrojaron,
¡qué descaro!

¿Dónde queda el juntos para siempre?,
considero que esa
es otra mentira
de la gente.

Considero mis derechos vulnerados,
no soy un galán de corbata
y por ser de la calle
eso no le importa a nadie.

Por hambre robé
y al ser desempleado
me han condenado.

Desde esta celda a oscuras
mi llanto se hace incontrolable
y el tener que recordar lo que un día fui,
fue inevitable.

La paz

Muchos buscan de manera desenfrenada la paz,
queriendo ponerle fin a esta barbarie,
que ocasiona la guerra, destrucción y muerte.

Vivimos con miedo,
pero con la fe puesta en Jehová
que todo acabe el día de mañana.

Anhelamos vivir en un mundo seguro,
disfrutar de los más bellos atardeceres,
amar sin apegos y sin temor a ser lastimados.

Soñamos con un futuro diferente
y dejar atrás un pasado que marcó nuestras vidas,
no está de más intentarlo.

Seremos fuertes con cada tropiezo en la vida
hasta llegar al punto
de que nada nos lastime.

Donde estés te pido perdón

Quedó en el intento cumplir toda promesa,
lástima cada palabra,
esos atardeceres, aquella rosa.

Esa linda historia de amor, duele olvidarla,
flaquea la voluntad de seguir,
mis ojos adormitados esperan a tu regreso.

Te he fallado lo entiendo,
cómo recuerdo tus besos,
perdóname.

Fue tan falso ese amor, me cegó
y al abismo me arrastró,
ahora solo lloro, te he perdido, cuánto te adoro.

A pesar de ser un gran problema,
este amor, me circula por las venas,
no puedo callar, el alma me crema.

Aquellos labios dulces me envenenan,
en lugar de darte amor y protegerte,
hoy sufro en silencio al perderte.

Qué infeliz fui,
no fui consiente,
con el alma hoy te aborrezco fugaz muerte.

Tejedor de recuerdos

En mi gran labor tejiendo sueños rotos,
entrelazando la fe con fuertes hilos de esperanzas,
de amor,
una vida hecha fragmentos es mi ardua lucha.

Me llaman el tejedor,
soy como gotas de rocío,
dulces palabras como la miel de mi ser emanan,
soy como el sol por las mañanas.

No está de más recordar cuánto Jehová nos ama,
vivo de aquellas lágrimas ahora sonrisas,
sé tarde en airarte y a la felicidad ve de prisa,
sé un buen pensador, da amor, deja atrás el dolor.

Que los malos momentos se los lleve el viento,
sonríe, vive la vida, no temas en demostrar tus sentimientos,
solo se vive una vez y si es de morir que sea contento,
que la historia más bonita lleve tu nombre.

Despedida

¿Por qué insistes en alejarte
y condenarme a la soledad?
¿Qué pretendes?
¿Que muera?

No tendré las fuerzas necesarias
para una nueva despedida,
ese sinsabor de tu adiós me crema el alma,
un intento fallido más.

Platicando frente al viejo espejo
que me ha acompañado por años,
me visitan los recuerdos
y una lágrima cae.

El viento trae consigo los sonidos de tu voz,
esa risa que me cautivó,
hoy que te alejas,
me duele aceptar tu despedida.

Ni el tiempo podrá borrar este sentimiento,
que la distancia no sea un obstáculo
para que este amor sea más fuerte,
le he hablado a Jehová y me lo ha concedido.

YORLEDY CARDOZO

Agradecimientos

Debo ser grata con los pocos familiares que siempre han mostrado su apoyo conmigo.

Los amigos que me conocen y saben sobre mi vocación.

Al universo y Pachamama, que siempre me ha rodeado con sus energías, generándome paz y paciencia para sí.

Y agradeceré siempre al gran amor de mi vida, por haberme llevado hasta el punto de encontrarme con mi otro yo y poner las cartas sobre la mesa, a hacer catarsis.

SINOPSIS

Una antioqueña de 20 y tanto de años, queriendo ser escritora, ha convertido su vida en más que un juego; lo ha tomado como una real fantasía, como si fuera un valioso tesoro que ha cuidado y seguirá cuidándolo con mucho amor. Lo llaman talento, lo llaman vocación, lo llaman inspiración.

Pero con ese mismo talento e inspiración ha logrado crear una vocación que le hace enormemente feliz. Es amor a la literatura, amor propio; basándose en el más grande temor que le acompañan día y noche: ella misma.

Biografía

Residente actualmente en los Llanos Orientales, esta paisa viajera ha decidido arriesgarse a mostrarle al mundo su talento con las letras. Amante a ellas desde los 12 años de edad y desde ahí no ha parado con su enfoque por la pasión al conocimiento.

En su persistente apoyo con otras mujeres amantes o no de la literatura, ha logrado crear un lazo irrompible con diferentes editoriales colombianas, las cuales han confiado en ella.

Y ahora, considera que es tiempo de seguir creciendo.

Poemarios-pasajeros

Inicios…
Comencemos de nuevo.
Comencemos y progresemos.
No paremos.
Avancemos.
Compartamos y riamos.
Saciemos las ansias de hablar.
Platiquemos sin tapujos.
Digamos todo lo que tenemos que decir,
para que lo dejemos luego en el pasado
y comencemos de nuevo.

Recapacitemos.
Encontrémonos con nosotros mismos.
Aceptemos lo que nos acarrea.
Evaluemos cada movimiento
y arriesguémoslo todo.
¡No perderemos nada!
¡solo ganaremos!
—¿Qué cosa?
—Experiencia, conocimiento, compañía.

¡Comienzos!
Todos y cada uno de los días es un inicio.
Algo nuevo.
No lo vemos, porque la rutina lo maquilla.
Es la asesina de lo que nos rodea.
De lo que nos enamora.
Pero… ¿sabes?
si cada día es un comienzo,

cada día debemos eliminar asperezas.
Miedos, engaños, especialmente, a uno mismo.

Te invito.
Te invito a que me acompañes a:
que hagamos el amor mientras dure el ocaso
y antes de que llegue el alba.

Comencemos de nuevo…
preparemos el desayuno juntos,
antes de que se esfume el hambre.
Comencemos de nuevo…
sostengamos nuestras miradas,
mientras el amor dure.

Etapas

¡Miserables!
Etapas que no vemos pasar
cuando nos hallamos en problemas.
Y ese es el problema,
nos enfocamos en lo que no es,
y todo, aunque no lo sea;
lo volvemos un caos.

Ciclos.
Unos por habitar, otros por abandonar.
Pero es que nos enfrascamos en el habitado
y cuando nos toca cambiar, sufrimos.
Lo llamamos: zona de confort.
Hoy, precisamente hoy, se debe tomar la decisión,
abandonar las zonas de confort.

Burbujas.
Para ser libre en totalidad
y aunque existen cosas por mejorar todos los días,
acepto lo nuevo.
¡Entiéndelo! No pospongas tu felicidad.
Mejor pospón la muerte en vida:
la soledad.

Aceptación

Pocas veces comprendemos con anticipación
las propias consecuencias de las decisiones tomadas.
Y otras veces,
sí comprendemos nuestros actos innecesarios;
sí nos olvidamos de ser quien queremos ser.
Queremos obligarnos a ser
personas inhumanas a la humanidad:
el descuido constante, el poco amor propio,
sentimientos rotos
y bocas vacías.

Son tan solo una pequeña muestra
de lo desdichados que solemos ser
al no pensar antes de actuar.
Abandonamos pensamientos tan importantes como:
lo cómodo que nos sentimos al abrazarnos,
la tranquilidad que sentimos frente a nuestro reflejo.
Olvidamos lo sociable que se siente
al escuchar nuestra propia voz.
Es fascinante poder robarme, buscarme, encontrarme.
A veces, andamos demasiado perdidos. ¡Me amo!

Vicios

Cuando corto mi cabello,
lo recojo con cuidado del suelo,
lo sostengo en mi mano,
hago una pequeña oración a la Pachamama
en modo de agradecimiento,
para retribuir algo de lo que me prestó.

Luego, entierro el poco de cabello en una maceta,
con la planta que más me agrada en mi casa.
Le riego un poco de agua.
El alimento.
Esperando a que las energías empiecen a fluir.
¡Mi cabello crece!

¡Fluyo con tranquilidad!
¡Sonrío más seguido!
Todos tenemos esos pequeños actos
que son necesarios
hasta que se vuelven un círculo vicioso y sanador.
¿Cuál es tu vicio?

Tardes-mañanas

¿Acaso esta mañana no es suficiente?
No soporto esta lluviosa mañana.
Siento frío, como la ausencia de tu compañía.
Si le otorgara un sabor, creo que no lo encontraría,
es nauseabunda y espesa. Efímera y letal.
¿Sabes cómo me siento esta mañana querida?
Como aquella en la que nos conocimos,
cuando nos vimos por primera vez,
aquella en la que te acercaste a mi puesto y
compraste unos claveles.

Había otros vendedores de flores,
pero preferiste el mío.
Para mí fue amor a primea vista, ¿qué crees?
Por supuesto que añoro el momento
en que podamos estar de nuevo solos.

Pues claro que quiero besarte,
acurrucarte entre mis bolsillos,
desvelarte hasta el alma.
Adentrar mis inquietantes manos
bajo tu falda.

Conquistar de nuevo tu cuerpo,
aunque hoy es diferente,
siento que me citaste aquí,
bajo el cielo gris,
solo para darme malas noticias.

Es una mañana muy triste
y presiento una ausencia,
claro que te extrañaría,
si no,
sería una extrañeza.

Sí, lamento lo de ayer en la tarde,
mis pensamientos jugaron sin mí,
una mala pasada y sé que te volví loca,
haciéndote reclamos sobre un tío
ni al que conoces.
Es que quiero que comprendas que…
sí, guardaré silencio,
espera, mi amor por ti es…
sí, ya sé,
debo aprender a aceptarte.

Debo aprender a respetar quién eres,
que sonríes demasiado siempre,
que hay muchos hombres.
Pero querida,
¿cómo puedo compensar lo que pasó hace 24 horas?

Lo siento,
no quería incomodarte.
No, espera.
¡Quédate!
No quiero pasar el resto del día lluvioso.

Amada, aún no marches.
Espera un poco.
¡Escúchame!
Bueno, otro día frío.
Está mañana, pasará a otra vida.

ANHELOS

Miro tu fotografía
y sonrió como una tonta,
como lúcida, como distraída.

Trato de recordar el olor de las rosas que nunca me diste,
o las sonrisas que me negaste,
o las miradas fingidas.
Acepto que fui una estúpida,
me acongojo con facilidad, ¿sabes?
No, pero qué vas a saber.

Jamás prestabas atención a mis cosas,
siempre pendiente de lo tuyo,
de tus quehaceres.

De tus compromisos poco importantes,
dejándome como otra vez,
en segundo plano.

No lo soporto.
No soporto
ser la misma tipa.

De ahora en adelante me obsequiaré rosas,
no me negaré sonrisas
y me miraré al espejo con más seguridad.

¿Faltaba amor de mi parte, dices?
¿Cómo te atreves a decir eso?
Si fui yo siempre la que tuvo la iniciativa de todo.

El noviazgo, el matrimonio,
la casa, la familia.
¡Cínico! Cobarde.

Llévatelo todo, no quiero nada;
de cero puedo empezar sola… Silencio.
¿Puedo hacerlo? ¿De verdad?

Cómo me gustaría decirte todo esto.
Tal vez algún día no temer a llamarte,
enfrentarte y… no sé… ser yo misma.

Viajando en un caracol

No temeré.
Aquella tarde estaré dispuesta a esperarte
y esperaré lo que tenga que esperar.

El tiempo no es un obstáculo,
más bien fue mi aliado en tu ausencia,
tampoco temeré estar allí, no huiré, lo prometo.

Enfocaré mis ojos cristalinos en las blancas nubes,
oleré con fuerza el clima cálido del mar
y sentiré el sol tardeado en mi rostro.

Cerraré mis pupilas para aspirar tu alma,
comeré tu aroma,
para sentir su sabor, para jamás olvidarlo.

Me arriesgaré a encontrar una salida a mi miedo,
comprometiéndome a avanzar en lo más eterno
que se parezca a mi memoria.

Rebuscaré en los cajones olvidados de mis recuerdos,
la fotografía en negativo de ti.

Amansaré mis sentimientos,
pero no los domaré, solo los controlaré,
para que no vaya a sofocarte con mis tantos besos
obsequiados.

Seré tan clara y sensata
que en mi mirada encontrarás la paz que buscas,

en mi sonrisa la tranquilidad de tus inquietantes
pensamientos.

Junto a mis manos hallarás la claridad de un hogar.
¡No molestaré tus pensamientos
enriqueciéndolos de dudas frustradas!

Solo quiero que llegues al puerto,
zarpemos en el primer caracol que veamos
y nos vayamos a vivir bajo el sol
mientras en las noches la luna nos arropa.

¿Qué aportas?

¡Querido!
No tenemos que estar así,
somo adultos y solucionemos esto,
la manera como lo hacemos no nos funciona.
¿Ves?

Nos hace enojar, despreciar al otro,
tener pensamientos peligrosos,
como una separación,
sentimientos como el desespero,
intriga, coraje, fastidio, impaciencia, intolerancia.

Sentimientos que no deben subir a este barco,
el que tú y yo hemos creado.
Esos momentos en los que nos distanciamos
por culpa del ojos; con o sin razón;
son momentos en los que deberíamos disfrutar más para vivir.

¡Venga, hombre!
Retira ya tu espada. Nos amamos y es lo que importa.
Sabemos que estamos solo de paso,
por eso no solo amarnos
sino también, respetarnos es lo esencial.

Reconocer que somos humanos,
reconocer que cometemos errores,
recuerda que no tenemos un libro
que nos enseñe,
cómo tomar una decisión.

Sociedad-suciedad

Encarcelamiento repentino,
zona conformista,
masoquistas de la soledad.

Abandono clandestino,
desamparo, desinterés,
poca importancia, insensatez.

Insatisfacción emocional,
recargo energético-laboral,
paupérrima desigualdad, indiferencia estatal.

Clasistas inhumanos,
humanos encasillados,
clasificación.

comunes pensamientos
basados en una sucia moral,
descontrol, ¡autoridad!, ¡autonomía!

Tranquilidad, lejanía, ansiedad.
¡Depresión!
Suciedad-sociedad.

La última partida

Admito que he perdido,
admito mi derrota,
no lo negaré más.

Es tiempo de empezar a sanar,
por consiguiente,
es tiempo de aceptar que perdí.

Has sido una buena jugadora,
me lo advirtieron,
pero no quise prestar atención, aunque escuché.

¡Ah! Siempre con mi terquedad por delante;
aunque en ocasiones
la he visto como una bendición.

Mis hijos me lo advertían,
mis hermanos, mis padres, el tiempo,
pero soy terca y no lo niego.

Por años he vivido en búsqueda de una esperanza,
que al final de cuentas, creo que siempre
la tuve en mis narices, pero no lo reconocía.

¿Y qué hablar de la felicidad? ¿Existe?
Pero cuando estamos viejos es cuando nos damos cuenta
del valor tan grande que tienes las pequeñas cosas.

Ahora solo te entrego
lo último que me queda,
¿me prometes que la cuidarás bien?

Porque de nada me sirve
haberla conservado por más de ochenta años,
haciéndola revivir cada diez segundos.

Entrégaselo a alguien que lo merezca,
alguien que lo disfrute,
es mi única condición, suplicó la anciana.

—Lo prometo —afirmó la muerte.

Pensamientos en vano

Suponiendo que acabando de salir de la ducha,
corroería todo el mal energético de mi cuerpo.
Iría fresco a tu lado,
al lecho donde hemos consumado nuestro amor
un millar de veces.

Como en otras ocasiones,
te abrazaría y hablaríamos
hasta que Morfeo se apodere de nuestras mentes.
Pero, ¿sabes?, son solo suposiciones…
Jamás saldría de la ducha.

Ya mi cuerpo no tiene energía,
no existe dicho lecho
y menos un amor para consumar.
No habita en mi vida personal,
una persona a la cual abrazar para hablar.

Y a Morfeo, siempre le ruego que me posea
con rapidez para no sentir.
¡Pensar!
Cuando habitas la calle,
no tienes nada de esto.

Concebimientos

Espera, larga y necesaria espera.
¿Para qué? ¿Qué obtener de ello?
Solo obtengo silencio y cuando no,
objeciones y reproches.

Canciones son las que he creado en mi cabeza,
con el objetivo de que me escuches,
vivir esta situación,
ha sido lo más difícil de mi existencia.

Y aunque el tiempo prolongue una despedida ya anticipada,
prefiero retirar mi presencia
antes de que el ocaso de mi vida transite
por los caminos de antes.

Mis canciones son la prueba de una existencia perfecta,
a la espera de tu tiempo.

LA UNIVERSAL
Casa Editorial

LA UNIVERSAL
Casa Editorial

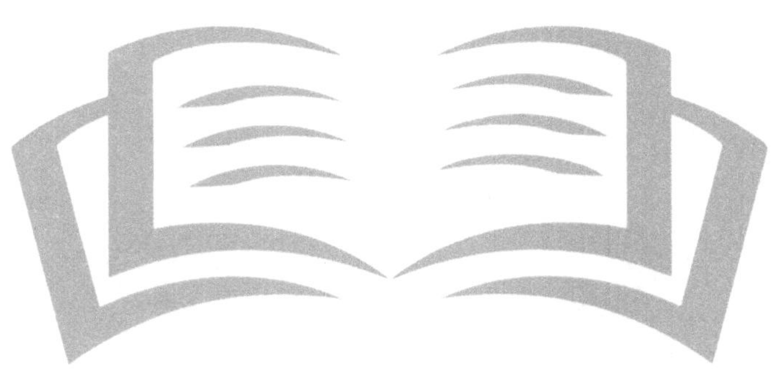